Sebastian Remm

Die neue Öffentlichkeit

Moderne Technologien und das Ende der privaten Sphäre

Bibliografische Information der Deutschen Nationalbibliothek:

Die Deutsche Nationalbibliothek verzeichnet diese Publikation in der Deutschen Nationalbibliografie; detaillierte bibliografische Daten sind im Internet über http://dnb.d-nb.de abrufbar.

Impressum:

Copyright © ScienceFactory

Ein Imprint der GRIN Verlag, Open Publishing GmbH

Druck und Bindung: Books on Demand GmbH, Norderstedt, Germany

Coverbild: GRIN | Freepik.com | Flaticon.com | ei8htz

Inhaltsverzeichnis

1 Einleitung

> „Not everything or everyone is globalized, but the global networks that structure the planet affect everything and everyone." (Castells 2008, 78)

Medien und das Internet sind allgegenwärtig. Im 21. Jahrhundert ist der Zugang zu Informations- und Kommunikationsportalen zu einem zentralen Faktor im Leben vieler Menschen geworden. Plattformen wie Facebook bieten neue Kommunikationsmöglichkeiten, sie sammeln aber auch große Mengen an persönlichen Daten und verarbeiten diese weiter. Daraus entsteht eine erhebliche Gefahr des Missbrauchs. Die Enthüllungen von Edward Snowden haben gezeigt, dass staatliche Institutionen (vor allem Geheimdienste) ebenfalls mithören und -lesen. Interessant ist, dass trotz dieser Verletzungen der Privatsphäre viele Menschen einen sehr fahrlässigen Umgang mit ihren Daten betreiben. Entweder der Aufwand diese zu schützen ist zu hoch oder es ist ihnen schlicht egal. Als Antwort bekommt man häufig zu hören, man habe doch nichts zu verbergen.

Folgende Frage stellt sich mir: Verändert das Internet und seine diversen Kommunikations- und Informationsplattformen unser Verständnis von Öffentlichkeit bzw. von öffentlicher und privater Sphäre? Privatsphäre ist als sozialer Wert zu verstehen und sichert dem Einzelnen einen geschützten Rahmen zu, in dem er sich frei entwickeln kann. Vor allem Jugendliche und junge Erwachsene benötigen Freiräume, in denen sie keiner Kontrolle unterliegen. Moderne Technologien schränken diese jedoch zunehmend ein und erzeugen das Gefühl in immer mehr Bereichen 'beobachtet' zu werden. Junge Menschen sind fast dauerhaft online. Mit Hilfe von Chatprogrammen wie WhatsApp stehen sie im anhaltenden Austausch mit ihrem Umfeld. In sozialen Netzwerken wie Facebook wird ein öffentliches Tagebuch geführt und mit Twitter teilt man seinem Umfeld mit was man gerade gegessen hat. Die Momente, in denen kein Kontakt zu anderen besteht sind kaum noch vorhanden und es ist die Frage zu stellen: Ist eine Trennung in private und öffentliche Sphäre überhaupt noch zeitgemäß oder verschwimmen die Grenzen bereits?

Die theoretische Basis meiner Arbeit bilden zum einen klassische Ansätze, welche Privatsphäre aus normativer oder deskriptiver Sicht beschreiben, und zum anderen moderne Ansätze, die entweder eine Kombination aus beiden Richtungen vertreten oder eine pluralistische Definition liefern. Die Ergebnisse der DIVSI U25-Studie liefern interessante Ergebnisse über das Nutzungsverhalten und die Einstellung Jugendlicher und junger Erwachsener im Umgang mit modernen Technologien.

Folgende Arbeitsthese hat mich bei der Auseinandersetzung geleitet: „Im 21. Jahrhundert gibt es keine Trennung mehr zwischen öffentlicher und privater Sphäre." Diese Formulierung ist durchaus gewagt und vermutlich zu verneinen. Jedoch ist eine Entwicklung in diese Richtung zu erkennen. Ich möchte mit dieser Arbeit den Einfluss moderner Technologien auf die Gesellschaft und das daraus resultierende Verständnis von öffentlicher und privater Sphäre untersuchen.

Zu Beginn meiner Arbeit stelle ich die verschiedenen Definitionen von Privatsphäre vor und analysiere im Folgenden die Auflösung der Trennung zwischen privat und öffentlich. In Kapitel 4 setze ich mich mit sozialen Netzwerken auseinander und stelle die Ergebnisse der DIVSI U25-Studie vor. Das 'nichts-zu-verstecken'-Argument ist Thema des darauffolgenden Kapitels. Abschließend fasse ich die gewonnen Erkenntnisse zusammen und diskutiere sie.

2 Die öffentlich/privat Debatte – Ein Überblick

In der öffentlich/privat Debatte ist zu beachten, dass sich die Begriffe 'öffentlich' und 'privat' gegenseitig bedingen und jeder Ansatz zur Klärung des einen Begriffes auch immer eine Definition des anderen liefert: „We can begin by reminding ourselves that any notion of 'public' or 'private' makes sense only as one element in a paired opposition [...]" (Weintraub 1997, 4). Laut Weintraub (Ebd., 4f) kann dieses Paar aus zwei verschiedenen Perspektiven betrachtet werden:

> „[...]at the deepest and most general level [...] are (at least) two fundamental [...] kinds of imagery in terms of which 'private' can be contrasted with 'public':
>
> 1. What is hidden or withdrawn versus what is open, revealed, or accessible.
>
> 2. What is individual, or pertains only to an individual, versus what is collective, or affects the interests of a collectivity of individuals. "

Daraus leiten sich zwei grundsätzliche Kriterien ab: Sichtbarkeit (visibility) und Kollektivität (collectivity) (vgl. ebd.). Es ist also entscheidend, ob etwas gesehen werden kann bzw. ob eine Situation einen Effekt auf eine Gruppe von Menschen (die Gesellschaft) hat. Die Debatte lässt sich in drei grundsätzliche Theorien einteilen: strukturalistische, individuelle (auf das Individuum bezogene) und integrative Definitionen. Strukturalistische Ansätze sehen die Privatsphäre als ein (moralisches/gesetzliches) Recht, welches den Einzelnen vor Störungen von außen (Staat /Gesellschaft) schützen soll. Privatsphäre wird daraus folgend normativ definiert. Individuelle Ansätze betrachten Privatsphäre als ein persönliches Interesse, welches gemessen wird an der Freiheit eigene Entscheidungen zu treffen. Privatsphäre wird hier deskriptiv definiert (vgl. Allmer 2011, 85f). Bei integrativen Definitionen handelt es sich um eine Mischform:

> „In summary, integrative definitions of privacy try to combine individualistic and structuralistic notions into one concept. Integrative definitions consider both privacy as a right that should be protected and as form of individual control." (Ebd., 92)

In den folgenden Abschnitten werde ich diese drei Ansätze vorstellen.

2.1 Strukturalistische Definitionen (restricted access theory)

Strukturalistische Ansätze verstehen Privatsphäre als ein moralisches und/oder gesetzliches Recht an, welches dem Individuum Kontrolle über den Zugang zur eigenen Person und/oder persönliche Informationen zuspricht. Bis zu einem gewissen Grad folgern Vertreter strukturalistischer Ansätze, dass je mehr der Zugang zu persönlichen Informationen oder Personen reguliert ist, desto mehr ist auch die Privatsphäre geschützt (vgl. ebd., 87).

Im englischsprachigen Raum haben Warren/Brandeis eine erste Definition von Privatsphäre gegeben. Sie sehen Privatsphäre als das Recht allein gelassen zu werden (vgl. Warren/Brandeis 1890, 205). Für Ruth Gavison ist Privatsphäre nicht nur eine individuelle Angelegenheit, sondern viel mehr eine grundsätzliche Lebensbedingung (vgl. Gavison 1980, 425). Ähnlich wie bereits Warren/Brandeis folgert sie (ebd. 428):

> „In its most suggestive sense, privacy is a limitation of others' access to an individual. As a methodological starting point, I suggest that an individual enjoys perfect privacy when he is completely inaccessible to others."

Privatsphäre wird von W. A. Parent als Wert gesehen. Er sieht Verletzungen der Privatsphäre als Form der Gewalt (vgl. Parent 1983, 276) und bezieht sich dabei auf die Ethik des Liberalismus:

> „Third, we desire privacy out of a sincere conviction that there are certain facts about us which other people, particularly strangers and casual acquaintances, are not entitled to know. This conviction is constitutive of 'the liberal ethic,' a conviction centering on the basic thesis that individuals are not to be treated as mere property of the state but instead are to be respected as autonomous, independent beings with unique aims to fulfill." (Ebd.)

Aus dem deutschsprachigen Raum sind vor allem zwei strukturalistische Ansätze zu nennen. Diese gehen vor allem auf die Beschaffenheit von Öffentlichkeit ein. Jürgen Habermas etablierte 1962 das Modell der 'bürgerlichen Öffentlichkeit', welches seitdem zu einem Klassiker der Öffentlichkeits-theorien avancierte. Für ihn ist die Entwicklung des Begriffs eng mit der Emanzipation des Bürgertums verbunden. 'Bürgerliche Öffentlichkeit' wird als „ein allen Interessierten offen stehender Kommunikationsraum, in dem sich über vernunftgeleitete Diskussionen öffentliche Meinung konstituieren kann" (Wimmer 2007, 72) definiert (vgl. ebd.). Zum Einen beschreibt er den 'sozialen Strukturwandel', durch welchen die Öffentlichkeit sich vom Bürgertum abgrenzt und von einem „kulturräsonierenden" zu einem „kulturkonsumierenden" (Nassehi 2003, 402f) Publikum wird (vgl. Habermas 1990, 267). Zum Anderen zeichnet er mit dem 'politischen Funktionswandel' eine Entwicklung von den während der Aufklärung entstandenen „Versammlungsöffentlichkeiten [...] hin zu einer massenmedial 'hergestellten' Öffentlichkeit" (Nassehi 2003, 403). Diese Öffentlichkeit „wird durch Staat, Parteien und insbesondere durch die organisierten Privatinteressen der Wirtschaft okkupiert und 'vermachtet'" (ebd.).

Als direkte Antwort auf Habermas 'Strukturwandel der Öffentlichkeit' ist Negt/Kluge's Aufsatz Öffentlichkeit und Erfahrung – Zur Organisationsanalyse von bürgerlicher und proletarischer Öffentlichkeit anzuführen. Habermas wird vorgeworfen, dass er „in seiner Analyse bürgerlicher Öffentlichkeit deren Ausschlussmechanismen verkennt" (Wimmer 2007, 173). Negt/Kluge bezeichnen Habermas Idealbild der 'bürgerlichen Öffentlichkeit' als 'Scheinöffentlichkeit' (vgl. Negt/Kluge 1972, 143), da es „andere historische Öffentlichkeitsformen ignoriert, als auch eine gesamtgesellschaftliche Repräsentativität suggeriert" (Wimmer 2007, 175). Sie fordern die Etablierung einer Gegenöffentlichkeit, welche einen Gegenpol zu „Schein, Öffentlichkeit und öffentlicher Gewalt" (Negt/Kluge 1972, 143) darstellen soll. Negt/Kluge entwickeln damit das eindimensionale Öffentlichkeitsmodell Habermas' zu einem pluralistischen Ansatz weiter.

Zusammengefasst ist festzuhalten: Strukturalistische Ansätze sehen Privatsphäre als ein (moralisches/gesetzliches) Recht. Dieses schützt vor unberechtigter Störung und sollte durch den Staat mittels Gesetz und privater 'Zonen' geregelt werden. Beschränkungen der Privatsphäre sind Verletzungen dieses Rechts. Privatsphäre wird normativ definiert. Volle Privatsphäre ist nur zu erreichen, wenn keinerlei Kontakt zu anderen Menschen besteht (vgl. Allmer 2011, 85). Öffentlichkeit ist ein Netzwerk für die Kommunikation von Meinungen und wird vor allem durch die Massenmedien hergestellt. Es bestehen Ausschlussmechanismen für die Teilhabe.

Ein häufig angeführter Kritikpunkt ist, dass die individuellen Möglichkeiten, Einfluss auf die eigene Privatsphäre zu nehmen, in strukturalistischen Ansätzen nicht beachtet werden. Jeder Einzelne hat die Wahl, wie viel private Informationen er Preis geben möchte und wem gegenüber. Es ist heutzutage auf den meisten Plattformen im Internet möglich einzustellen wer Zugang zu Informationen hat. Aus strukturalistischer Sicht spielt es jedoch keine Rolle wem Informationen zugänglich sind, schon das Bereitstellen im Internet stellt eine Eingrenzung der Privatsphäre dar:

> „Regardless whether individuals are able to decide which personal information is available on the internet and regardless whether individuals are able to choose for whom these information is available, for representatives of a structuralistic approach

> [...], these forms of information sharing are always restrictions of privacy and there-
> fore should be avoided." (ebd., 88)

Im modernen Kommunikationszeitalter ist es de facto nicht mehr möglich keine Informationen zu teilen. Viel mehr besteht die Frage, wie der Einzelne die Kontrolle über die eigene Information behält. Eine Antwort geben individuelle Definitionen von Privatsphäre, welche ich im nächsten Abschnitt vorstelle.

2.2 Individuelle Definitionen (limited control theory)

Individuelle Ansätze setzen ihren Fokus auf das Individuum. Privatsphäre ist hier die Kontrolle über persönliche Informationen:

> „I have defined privacy as the claim of an individual to determine what information
> about himself or herself should be known to others. [...] This, also, involves when
> such information will be obtained and what uses will be made of it by others." (West-
> in 2003, 431)

Die Kontrolle liegt hier nicht mehr auf Seiten des Staates, sondern wird durch den Einzelnen verwirklicht. Demnach ist jeder selbst dafür verantwortlich, welche Informationen öffentlich werden und wie weit die eigene Privatsphäre geschützt ist. Was allgemein als privat angesehen wird, entscheidet dabei der kulturelle Kreis, in dem man lebt:

> „At the socio-cultural level, privacy is closely related to social legitimacy. When a so-
> ciety considers a given mode of personal behavior to be socially acceptable - whether
> it is hairstyle, dress, sexual orientation, political or religious belief, having an abor-
> tion, or other lifestyle choice - it labels such conduct as a private rather than a public
> matter." (Ebd., 433)

Edward Shils sieht Privatsphäre als eine „zero-relationship" (Shils 1966, 281) zwischen zwei Personen, zwei Gruppen oder einer Person und einer Gruppe. Für ihn existiert Privatsphäre nur in Kontexten, in denen Interaktion, Kommunikation oder Wahrnehmung anderer prinzipiell möglich ist (vgl. ebd.). Er definiert Privatsphäre daraus folgend (ebd., 282): „[...] as the existence of a boundary through which information does not flow from the persons who possess it to oth-ers." Judith Wagner DeCew (1986, 166) hebt hervor, dass um Privatsphäre als deskriptiven Term zu definieren „[...] it has sometimes been suggested that priva-cy concerns not merely the absence of others having information, but individual control over knowledge others have about one." Weiter führt sie aus (ebd., 166ff):

„[...] privacy is a power to deny or grant access" und „[privacy is] information control and control over decision-making".

Zusammengefasst ist festzuhalten: Individuelle Ansätze sehen Privatsphäre als ein persönliches Interesse. Privatsphäre schließt die Freiheit nicht gestört oder beeinflusst zu werden ein. Der Grad an Entscheidungsfreiheit bestimmt, wie viel Privatsphäre man hat. Privatsphäre wird deskriptiv definiert (vgl. Allmer 2011, 85f). Der kulturelle Kreis bestimmt, welche Handlungen, Situationen, Entscheidungen, etc. privat sind. Privatsphäre ist eine Grenze zwischen Individuen, die den Austausch von Information stoppt.

Ein Kritikpunkt an individuellen Ansätzen ist, dass sie die Möglichkeiten der Kontrolle durch soziale Strukturen unterschätzen. Des Weiteren besteht der Vorwurf, dass diese Ansätze Privatsphäre mit Autonomie verwechseln:

> „Another difficulty for the control theory is that it seems to imply that one could, in principle, disclose every piece of personal information about oneself and yet still claim to have privacy. In this sense, the control theory tends to confuse privacy with autonomy, where someone has autonomously decided to abdicate all informational privacy interests by disclosing all private facts about herself from which she had an interest or right to exclude other people. However, this would seem to run counter to our intuitions about privacy." (Tavani 2008, 143)

Sowohl strukturalistische als auch individuelle Ansätze geben die Maxime vor, dass volle Privatsphäre nur erreicht werden kann, wenn keinerlei Information geteilt wird. Jedoch ist diese Maxime, wie bereits erwähnt, im digitalen Zeitalter nicht aufrecht zu halten. Ein moderner Ansatz, der beide Richtungen zu verbinden versucht, ist die Restricted Access/Limited Control Theorie. Diesen integrativen Ansatz werde ich im nächsten Abschnitt vorstellen.

2.3 Integrative Definitionen (restricted access/limited control theory)

Integrative Ansätze, wie die RALC Theorie versuchen eine Antwort auf die modernen Anforderungen an ein Konzept von Privatsphäre zu geben. Privatsphäre wird sowohl als Recht sowie als persönliches Interesse gesehen (vgl. Allmer 2011, 91). Jeffrey H. Reiman gibt zwei Definitionen von Privatsphäre:

> „[Privacy] is [...] an important interest in simply being able to restrict information about, and observation of, myself regardless of what may be done with that information or the results of that observation." (Reiman 1976, 32)

> „[Privacy] is a right which protects my capacity to enter into intimate relations, not
> because it protects my reserve of generally withheld information, but because it ena-
> bles me to make the commitment that underlies caring as my commitment uniquely
> conveyed by my thoughts and witnessed by my actions." (Ebd., 44)

Er versucht mit seinem Ansatz ein grundsätzliches Interesse herauszuarbeiten, welches als Basis für ein allgemeines Recht auf Privatsphäre gilt. Dieses Recht soll jedoch nicht so weit gehen, dass es einen vor jeglicher Beobachtung schützt (z.B. auf belebten Straßen) (vgl. ebd., 38). James H. Moor (1997, 31) erweitert diese Sicht wie folgt:

> „Rather than regarding privacy as an all or nothing proposition - either only I know
> or everybody knows - it is better to regard it as a complex of situations in which in-
> formation is authorized to flow to some people some of the time. Ideally, those who
> need to know do, those who don't don't."

Dieser 'complex of situations' wird von ihm eingeteilt in natürlich private und normativ private Situationen. Natürlich private Situationen unterliegen keiner spezifischen gesetzlichen Regelung. Geht man beispielsweise in einem Wald spazieren, ist man dort in einer natürlich privaten Situation. Man ist allein und wird von den umliegenden Bäumen vor Beobachtung geschützt. Trifft man jetzt einen anderen Menschen ist das ein Eingriff in die natürliche Privatsphäre (Moor 1991, 77). Dies ist jedoch nicht als Verletzung der Privatsphäre zu verstehen: „A loss of natural privacy is not automatically an invasion of privacy" (ebd.). Normativ private Situationen können gleichzeitig auch natürlich private Situationen sein. Sie sind jedoch durch spezifische Gesetze und/oder moralische Grundsätze geschützt. Ist man beispielsweise alleine zu Hause und sieht fern, dann ist man zum einen in einer natürliche privaten Situation, da man durch die umliegenden Wände geschützt ist. Es gibt jedoch auch Gesetze, die es anderen Personen verbieten ohne Zustimmung eine Wohnung zu betreten. Schafft sich jemand Zugang zur eigenen Wohnung hat man das Recht sich zu beschweren (vgl. ebd.). Diese Unterscheidung in natürliche und normative Privatsphäre ist ein Hauptmerkmal der RALC Theorie:

> „The distinction between natural and normative privacy is crucial in defending a re-
> stricted access account. Not every situation in which one observes someone else or
> gathers information about someone else does or should count as a violation of priva-
> cy. When walking down a public street, one may give up some natural privacy but not
> normative privacy." (ebd.)

Wie bereits erwähnt bestimmt der jeweilige Kulturkreis, welche Situationen als privat angesehen werden. Das gilt auch für die Unterscheidung in natürliche und normative Privatsphäre. Die RALC Theorie liefert damit einen zukunftsweisenden Ansatz, der auf technischen Wandel und gesellschaftliche Veränderungen flexibel angewendet werden kann:

> „A feature that is particularly attractive about the restricted access theory of privacy is that it gives technology the right kind of credit for enhancing privacy and the right kind of challenge for protecting privacy. [...] The restricted access theory also suggests the right questions for keeping technology in check. As technology develops, we need to ask what kinds of restrictions should be put on the access to individuals and information about them in order to protect privacy." (ebd., 79)

Die RALC Theorie verbindet normative sowie deskriptive Aspekte von Privatsphäre und vereint diese. Es wird unterschieden zwischen „concept of privacy" (restricted access) und „management of privacy" (limited control) (Tavani 2008, 144). Privatsphäre wird sowohl als Recht angesehen, welches geschützt werden sollte, als auch als eine Form individueller Kontrolle (vgl. Allmer 2011, 92). Im folgenden Abschnitt werde ich einen Gegenentwurf vorstellen, welcher die provokante These formuliert, dass eine Trennung zwischen öffentlich und privat nicht mehr aufrecht zu halten ist.

3 Auflösung der Trennung zwischen öffentlicher und privater Sphäre

> „Despite the heroic efforts of 20th-century normative theorists to rescue the divide
> and to diagnose the causes of its erosion, the patient has died on the operating table."

(Sheller/Urry 2003, 122)

In den vorangehenden Abschnitten habe ich mich mit den verschiedenen Ansätzen Privatsphäre zu definieren auseinandergesetzt. Diese Ansätze entwickelten sich parallel zu und aufgrund von gesellschaftlichen Veränderungen und dem stetig beschleunigten technischen Fortschritt. Dieser wirft vor allem weiterhin Fragen auf: Verändert das Internet und seine diversen Kommunikations- und Informationsplattformen unser Verständnis von Öffentlichkeit bzw. von öffentlicher und privater Sphäre? Ist eine Trennung in privat/öffentlich überhaupt noch zeitgemäß oder verschwimmen die Grenzen bereits?

Die RALC Theorie scheint einen flexiblen Ansatz zu liefern, bleibt aber in einigen Bereichen ungenau. Welche Gesetze und Regelungen benötigen wir um die stetig wachsende Menge an mobilen Anwendungen, Geräten, Plattformen usw. zu regulieren? Ist die Privatsphäre in immer komplexeren digitalen Zusammenhängen überhaupt noch effektiv zu schützen?

Durch die Privatisierung vieler öffentlicher Bereiche hat sich die Wahrnehmung von Privatsphäre verändert. Medien und Werbung vermitteln ein Bild, in dem Privatsphäre als Zeit der Erholung und Regeneration verstanden wird. Man soll seine Akkus wieder aufladen um in Folge wieder den Anforderungen des Berufslebens gerecht zu werden. Persönliche Entwicklung, Freizeitaktivitäten, Bildung, Spiritualität, Gesundheit, usw., eigentlich Lebensbereiche, welche vorrangig im privaten Umfeld stattgefunden haben, werden zunehmend kommerzialisiert und durch digitale Anwendungen vernetzt.

Bildung, Infrastruktur oder auch Energieversorgung, alles Grundvorraussetzungen für eine funktionierende Gesellschaft, sind heute eine beliebte Kapitalanlage und zum Spekulationsobjekt geworden. Die Kontrolle des Staates nimmt ab und die Trennlinie zwischen öffentlichen und privaten Interessen verschwimmt: „On every front, it seems, the 'public' is being privatized, the private is becoming oversized, and this undermines democratic life" (ebd., 107).

Durch den technischen Fortschritt hat sich die Art zu kommunizieren verändert. Smartphones, Tablets usw. ermöglichen den Zugang zu öffentlichen Informationen in nahezu jeder Situation. Natürlich private Situationen, wie der Spaziergang im Wald, können durch einen Anruf unterbrochen werden. Auch sind moderne Tracking-Dienste in der Lage uns in allen Gebieten mit Empfang zu orten. Durch Dienste wie Facebook kann man Informationen über Personen herausfinden, ohne dass diese es erfahren. Kreditkarten und EC-Karten oder auch mobile Bezahldienste wie PayPal, speichern wo und wann wir einkaufen. Das führt dazu, dass Menschen heute zum Teil über die Grenzen ihres eigenen Körpers hinaus existieren:

> „Thus individuals increasingly exist beyond their private bodies. Persons leave traces of their selves in informational space, and can be more readily mobile through space because of a greater potential for 'self-retrieval' at the other end of a network." (ebd., 116)

Es ist nicht mehr nötig physisch präsent zu sein. Fast überall auf der Welt ist es möglich sich in das Internet einzuklinken um zu kommunizieren, Geld abzuheben oder Informationen zu erlangen. Die Konsequenz ist, dass selbst die intimsten Momente nicht mehr komplett privat sind ('personal' or ' inner-worldly') (vgl. ebd., 117). Die Grenze zwischen neuronalen Verbindungen im Gehirn und den digitalen Netzwerken verschwimmt:

> „Parts of who one is may be stored on hard disks or digital circuits rather than in the 'old grey matter'. Much of what was once 'private' already exists outside of the physical body; the body can in some instances function as a hyperlink for gaining access to fragmented selves, or making connections with various nodes in the personal networks that no longer occur only within private spaces. The information revolution has implanted zones of publicity into the once-private interior spaces of the self and home." (ebd.)

Es gibt heute verschiedene parallel stattfindende Öffentlichkeiten: Die globale Zivilöffentlichkeit, welche dominiert wird von Medien und globalen Events (Olympia, Fussball-WM, ua.), die globale Wirtschaftsöffentlichkeit, welche durch die Börsen, große Finanzhäuser und Institutionen wie die Weltbank oder die Welthandelsorganisation bestimmt wird und eine Öffentlichkeit der globalen politischen Organisationen: Regierungen, Parteien, NGOs und globale Bewegungen (Friedens- und Anti-AKW-Bewegung usw.). Innerhalb und zwischen diesen Öffentlichkeiten werden permanent öffentliche, teil-öffentliche und private Informationen ausgetauscht (vgl. ebd., 118f.). Vor allem die großen Medienanstalten versuchen so viele private Informationen wie möglich zu veröffentlichen:

> „Indeed there is little that can be kept secret and remain private. There is no longer a
> 'private' backstage to be kept hidden from the prying eye of the increasingly border-
> less global media." (ebd., 119)

Dabei scheint der Moment der Enthüllung deutlich wichtiger zu sein als die veröffentlichte Information: Der Skandal ist die eigentliche Sensation. In einer Welt, in der immer weniger privat ist, gibt jeder Skandal dem Zuschauer eine Genugtuung. Wenn schon die eigenen Informationen nicht geschützt werden kann, dann möchte man zumindest so viel wie möglich über andere erfahren. Bestes Beispiel dafür sind Reality-Formate, in denen man andere in eigentlich privaten Situationen beobachten kann.

Eine weitere Entwicklung, die die Grenze zwischen privater und öffentlicher Sphäre aufweicht, ist die Berichterstattung über Großereignisse. Diese Events werden nicht mehr nur ausgestrahlt, sondern der Zuschauer ist Teil des Ganzen. Über Dienste wie Facebook oder Twitter ist es dem Zuschauer möglich live mit anderen zu kommunizieren und Einfluss zu nehmen. Bei 'public-viewings' ist man sowohl Zuschauer als auch Protagonist. Man sieht das Geschehen auf einer Leinwand und wird dabei gefilmt um wiederum für andere auf den Bildschirmen sichtbar zu sein: „Indeed there are global events in which the world views itself; the event becomes global through its world-wide screening" (ebd.).

Bildschirme stehen heute nicht mehr nur im heimischen Wohnzimmer, sie umgeben uns in immer mehr alltäglichen Situationen. Fast jeder besitzt ein Smartphone, Werbung wird über Bildflächen an Zugstationen und belebten Plätzen ausgestrahlt, in U-Bahnen, Zügen oder Flugzeugen sind Monitore eingebaut, öffentliche Gebäude verfügen über digitale Informationsanzeigen usw.:

> „If the traditional threat to a democratic public revolved around issues of the 'stag-
> ing' of events in a false or mindless 'mass acclamatory' public, the emergence of
> screening suggests a new set of tensions. Screening can also be thought of in the
> sense of filtering out the undesirable, of exercising surveillance and control. In other
> words, the power to shape, filter or 'screen' what appears on the global screen re-
> mains a significant issue of political contestation." (ebd., 120)

Aus Sicht der restricted access Theorie fehlt es hier an gesetzlichen Regelungen, welche die Art und Menge an Informationen reguliert und den Einzelnen vor Reizüberflutung schützt. Es ist zwar kein direkter Eingriff in die Privatsphäre, jedoch übt die dauerhafte Bestrahlung mit Informationen einen Druck aus mitzuhalten, immer auf dem aktuellen Stand zu sein. Privatsphäre in einer ihrer frühen

Definitionen ist das Recht allein gelassen zu werden. Zwar besteht durch die Bildschirme kein direkter Kontakt zu Menschen, man ist trotzdem dauerhaft mit der Welt verbunden und wird beeinflusst und ist nicht allein. Auch individuelle Ansätze geben vor, dass Privatsphäre einschließt, nicht gestört oder beeinflusst zu werden. Jedoch ist bei der Menge an Werbung, die man täglich wahrnimmt, die Frage zu stellen: Wie viel beeinflusst einen diese Werbung und ist man noch frei in seinen Entscheidungen oder liegt hier eine Form der Beeinflussung vor? Ist das Surfen am heimischen Computer wirklich noch privat oder ist man, sobald man online ist, bereits Teil einer Öffentlichkeit?

Dienste wie Facebook oder Twitter sind weder klar der öffentlichen noch der privaten Sphäre zuzuordnen. Private Kommunikation mit Freunden oder Angehörigen ist durchmischt mit Werbung, Videobeiträgen, Nachrichten, Eventeinladungen uvm.. In den Anfangstagen des Internets fand Kommunikation noch eindimensional statt: Webseiten waren wie digitale Bücher oder Zeitschriften, die einem Informationen oder Unterhaltung boten, eine Interaktion oder Reaktion war nicht bzw. nur schwer möglich. Im so genannten Web 2.0[1] findet Kommunikation mehrdimensional statt. Keine große Internetseite oder Plattform kommt heute ohne Anmeldung bzw. Benutzerkonto aus. Man wird aufgefordert Daten Preis zu geben um Zugang zu bekommen. Facebook beispielsweise schließt Nutzer ohne Konto von vielen Teilen der Plattform aus und vermittelt damit das Bild: Anonyme Beobachter sind nicht erwünscht. Zwar halten sich diese Plattformen an geltendes Recht und informieren jeden Nutzer im Voraus darüber, welche Daten sie sammeln, jedoch sind immer mehr Menschen auf soziale Netzwerke angewiesen und haben somit keine wirklich freie Wahl: Privatsphäre ist heute oft verbunden mit einem Ausschluss aus Teilbereichen der Gesellschaft.

Die sozialwissenschaftliche Forschung steht hier vor neuen Herausforderungen, da bisherige Konzepte den Anforderungen der digitalen Gesellschaft nicht gerecht werden:

> „The analysis of these networks is taking the social sciences way beyond the static, regional and fixed notions of public and private life characteristic of many 20th-century formulations, formulations in social and political theory that no longer suf-

---

[1]   Web 2.0 steht für die Weiterentwicklung des Internets. Nutzer sind nicht mehr nur reine Konsumenten, sie werden auch zum Produzent von Inhalten. Heute wird häufig der Begriff 'Social Media' verwendet.

> fice in the new century. [...] Cars, information, communications, screens, are all mate-
> rial worlds, hybrids of private and public life, that mean that many ways in which the
> divide has been distinguished should be dispensed with." (Ebd., 122)

Zusammengefasst lässt sich sagen: Die Wahrnehmung von Privatsphäre hat sich verändert. Moderne Technologien verändern natürlich private Situationen durch Tracking-Dienste, permanente Erreichbarkeit, usw.. Daten werden in immer größerem Maß gesammelt und gespeichert, was dazu führt, dass man außerhalb des eigenen Körpers weiterexistiert. Die Grenze zwischen neuronalen und digitalen Verbindungen verschwimmt. Durch Großveranstaltungen sieht sich die Welt selbst im Spiegel und große Medienanstalten ringen mit immer neuen Enthüllungen bzw. Entblößungen um die Aufmerksamkeit der Menschen. Werbung, Medien und das Internet sind omnipräsent und drängen in immer mehr private Bereiche. Gesellschaftliche Teilhabe im digitalen Zeitalter hat seinen Preis: Entweder man 'bezahlt' mit privaten Daten oder der Zugang zu weltweiten Plattformen und Diensten bleibt einem verwehrt.

Vor allem so genannte 'digital natives', also Jugendliche und junge Erwachsene, welche seit ihrer Geburt mit dem Internet groß werden, geben interessante Erkenntnisse über die Veränderung von privater und öffentlicher Sphäre. In den folgenden Abschnitten gehe ich auf Privatsphäre in sozialen Netzwerken ein und zeige die Ergebnisse aus einer aktuellen Studie zum Nutzungsverhalten von Kindern und Jugendlichen im Internet.

4 Privatsphäre in sozialen Netzwerken am Beispiel junger Menschen

Vor allem durch Plattformen wie Facebook haben sich die Anforderungen und das Verständnis von Privatsphäre verändert. Soziale Normen, Rahmenbedingung für ein Verständnis von Privatsphäre, haben in digitalen Netzwerken geringeren Einfluss als in anderen gesellschaftlichen Bereichen (vgl. Boyd/Marwick 2011, 4). Facebook-Erfinder Mark Zuckerberg verkündete auf einer Veranstaltung in San Francisco bereits das Ende der Privatsphäre (vgl. Johnson 2010):

> „People have really gotten comfortable not only sharing more information and different kinds, but more openly and with more people.[...] That social norm is just something that has evolved over time." (ebd.)

Er tätigt diese Aussage vor allem um das eigene Geschäftsmodell zu schützen, jedoch verdeutlicht es auch die aktuellen Veränderungen bezüglich dieser Norm:„When it comes to privacy, social norms are evolving, but not disappearing, even as public figures attempt to downplay or diminish their power as a regulatory force" (Boyd/Marwick 2011, 5).

Jugendliche und junge Erwachsene verzeichnen in ihrem Altersbereich den höchsten Prozentsatz an Internetnutzern. Sie nutzen zu einem großen Teil soziale Netzwerke und entwickeln dabei neue und eigene Strategien im Umgang mit Privatsphäre. Für sie ist Privatsphäre die Kontrolle über soziale Situationen, den Fluss von Informationen und wann bzw. wo sie durch andere beobachtet werden können (vgl. ebd.). Sie stehen dabei vor der Herausforderung Grenzen sinnvoll zu setzen:

> „Finding a way to manage boundaries is just one of the challenges that teens face in navigating networked publics because privacy isn't simply about control over the social situation; it also requires enough agency to affect these situations." (ebd., 6)

Dabei besteht eine permanente Spannung zwischen Privatem und Öffentlichem (vgl. ebd.). Soziale Netzwerke bieten zum einen ein großes Publikum, dem man sich präsentieren kann, und zum anderen die Möglichkeit mit dem engsten Kreis private Informationen auszutauschen. Das Internet ist zum neuen Ort der Begegnung für Jugendliche und junge Erwachsene geworden: „Social network sites have become the modern-day equivalent of the mall or movie theater, a place where teens can hang out with friends and run into other friends and peers" (ebd., 7). Für sie herrscht ein großes Bedürfnis dazu zu gehören, und wenn das soziale Leben hauptsächlich online stattfindet, entsteht sozialer Druck: „If friends and peers gather in person, teens feel the need to be physically there to feel included. If the gathering takes place online, being online becomes socially critical" (ebd., 8). Der Unterschied zwischen dem öffentlichen Charakter eines Kinos oder Einkaufszentrum und einer digitalen Öffentlichkeit ist ein temporärer: Analoge Öffentlichkeiten sind meist zeitlich begrenzt, digitale hingegen sind von permanenter Dauer. Es gibt vier Herausforderungen (vgl. ebd., 9), die dabei zu beachten sind:

1) Persistence - Digitale Informationen sind dauerhaft gespeichert.

2) Replicability - Digitale Inhalte können leicht vervielfältigt werden.

3) Scalability - Die Sichtbarkeit digitaler Inhalte ist hoch.

4) Searchability – Suchmaschinen vereinfachen den Zugang zu digitalen Inhalten.

Normalerweise ist man im alltäglichen Leben nicht mit diesen Problemen konfrontiert. Das führt dazu, dass Nutzer von sozialen Netzwerken in der Lage sein müssen sich ihr potentielles Publikum vorzustellen. Dabei ist es nicht möglich die Tragweite von Informationen komplett abzuschätzen: „Just as journalists imagine their audience when they craft a story, so too must teens imagine their audience whenever they post something on Facebook" (ebd., 10).

Bis Anfang des Jahrtausends wurde Privatsphäre häufig als etwas Gegebenes angesehen, da es leichter war Informationen nicht zu teilen:

> „In recent history, privacy was often taken for granted because structural conditions made it easier to not share than to share. Social media has changed the equation." (ebd.)

Alltagssituationen sind „private-by-default" und „public-trough-effort": „The default is private, not because it needs to be but because effort is required to actually make things visible" (ebd., 11f). In digitalen Netzwerken verändert sich diese Gleichung. Nach der Anmeldung auf Plattformen wie Facebook muss der Nutzer, um seine Privatsphäre zu schützen, erst entsprechende Einstellungen tätigen. Die Standarteinstellung ist „public-by-default" (ebd., 14).

Nutzer müssen heute die bewusste Entscheidung treffen, welche Informationen veröffentlicht werden und welche nicht (vgl. ebd., 15). Dies hat neue Anforderungen an ein Konzept von Privat-sphäre hervorgebracht: Soziale Normen haben geringere Wirkungen auf Plattformen wie Facebook und befinden sich dadurch in einem Veränderungsprozess. Jugendliche und junge Erwachsene entwickeln neue

Strategien im Umgang mit Privatsphäre. Eine Herausforderung ist dabei das Setzen von Grenzen. Soziale Netzwerke sind zu einem neuen Ort der Begegnung geworden. Es gibt vier Kernelemente im Umgang mit diesen: dauerhafte Speicherung (Persistence), Vervielfältigung (Replicability), hohe Sichtbarkeit (Scalability) und der einfache Zugang durch Suchmaschinen (Searchability). Ein Hauptmerkmal sozialer Medien ist die 'public-by-default' Einstellung.

4.1 Ergebnisse der DIVSI U25 Studie

Jugendliche und junge Erwachsene wachsen heute mit einer Vielzahl an Medien auf: Fernseher, Radio, Computer bzw. Laptops, Smartphones oder Spielekonsolen gehören zur Grundausstattung vieler Familien. Die DIVSI U25 Studie hat das „Verhalten der nachwachsenden Generation im Hinblick auf das Netz" (DIVSI 2014, 4) untersucht.

Die Kommunikationsmöglichkeiten im Internet haben sich in den letzten Jahren stark verändert. Früher war man auf das Versenden von Emails und die Teilnahme an Chats begrenzt. Informationsaustausch hat häufig einseitig stattgefunden und das Surfen im Netz war weitestgehend anonym (vgl. ebd., 13). Mit der Weiterentwicklung des Internets hat sich dies verändert und die Vernetzungsmöglichkeiten sind stark gestiegen:

> „Mit steigender Tendenz nehmen auch viele andere Online-Angebote neben den klassischen Online-Communitys wie z. B. Facebook einen Netzwerk-Charakter an [...]." (ebd., 13f)

Für viele Jugendliche und junge Erwachsene sind diese Netzwerke zu einem wichtigen Teil ihres Lebens geworden. Neben Elternhaus, Schule und Freunden haben sich die Medien zu einer einflussreichen Sozialisationsinstanz entwickelt (vgl. ebd., 15): „Zu beobachten ist dabei eine zunehmende Verschmelzung medialer und sozialer Instanzen" (ebd.). Ein zentraler Begriff bei der Nutzung dieser Medien ist der Begriff des 'Online-Seins'. Ursprünglich waren mit diesem Begriff feste Handlungsrituale verbunden (Computer starten, Internetverbindung herstellen, Browser oder Email Client öffnen). Da moderne Geräte wie Smartphones oder Tablets, solange sie eingeschaltet sind, dauerhaft mit dem Internet verbunden bleiben, haben Jugendliche den Eindruck immer online zu sein (vgl. ebd., 14). Dabei wird der Begriff 'Online-Sein' nicht mehr als technisch hergestellte Verbindung verstanden,

„sondern als Beschreibung einer Situation: 'Online-Sein' meint somit das empfundene Zugriffspotenzial auf eine Vielzahl von Daten in Echtzeit und die gleichzeitige Empfangs- bereitschaft für eintreffende Daten, die als persönlich relevante Informationen eingeord-net werden." (ebd.)

Hervorzuheben ist, dass im Vergleich zur Gesamtbevölkerung (19 Prozent), nur zwei Prozent der 14- bis 24-Jährigen das Internet gar nicht nutzen (vgl. ebd., 20): „ In der jungen Altersgruppe hat der Begriff der Offliner also kaum mehr eine Relevanz" (ebd.). Das 'Online-Sein' ist durch Smartphones, Tablets, usw. in den Alltag integriert und „ein Begleiter für alle Lebenslagen geworden: Es ist Weg-Navigator, Organisationswerkzeug, Unterhaltungsmedium und Kommunikationsstandleitung zu den Freunden in einem" (ebd., 64).

Online zu sein ist für Jugendliche und junge Erwachsene mit zunehmendem Alter immer wichtiger: „Ab 14 Jahren ist ein Leben 'ohne' für die meisten nicht mehr vorstellbar" (ebd., 68). Das Gefühl dauerhaft Online zu sein wird vor allem durch die Verbreitung von Smartphones gestärkt:

„Im subjektiven Empfinden von Jugendlichen und jungen Erwachsenen sind die Grenzen zwischen Online- und Offline-Zeiten fließend [...]. Dieser subjektive Eindruck wird ins- besondere dadurch genährt, dass man sich aus mobilen Apps wie der Facebook-App oder WhatsApp oftmals nicht explizit abmeldet, sondern im Bereitschaftsmodus für den Austausch von Nachrichten verweilt." (ebd., 68)

In den Anfangstagen der Chat-Plattformen (ICQ, MSN-Messager, etc.) war es noch üblich sich bei anderen Chatteilnehmern abzumelden. Diese Rituale wirkten als Grenze zwischen 'Online-' und 'Offline-Sein' (vgl. ebd.). Heute ist „offline [...] sein [...] vielmehr ein Ausnahmezustand – eine Notsituation" (ebd.). Vor allem Kinder können sich eine Zukunft ohne Internet nicht mehr vorstellen: „82 Prozent der befragten 9- bis 13-Jährigen stimmen der Aussage 'voll und ganz' oder 'eher' zu, dass es in Zukunft nicht mehr möglich sein wird, komplett offline zu sein" (ebd., 76).

Wie bereits im vorherigen Abschnitt erläutert, hat die Veränderung in der Wahrnehmung und Nutzung des Internets zu einem neuen Verständnis von Privatsphäre bei Jugendlichen und jungen Erwachsenen geführt. Als 'privat' werden vor allem intime und peinliche Informationen angesehen. Es besteht eine große Angst, dass diese Informationen unfreiwillig verbreitet werden könnten (vgl. ebd., 116). Weniger sensibel wird der Umgang mit personenbezogenen Daten (Geburtsdatum, Wohnort, etc.) gesehen und „es herrscht großes Unverständnis, was diese Daten angeblich so wertvoll machen soll" (ebd.).

Unter den Befragten herrscht ein ambivalentes Verhältnis zwischen einerseits der Angst, dass intime Informationen geteilt werden könnten und andererseits einem gewissen Zwang online etwas über sich Preis geben zu müssen. 50 Prozent der 14- bis 17-Jährigen und 45 Prozent der 18- bis 24-Jährigen stimmen der Aussage zu, dass man in Online-Communitys nichts verloren hat, wenn man keine Informationen teilt (vgl. ebd., 117). 45 Prozent der 14- bis 17- Jährigen und 37 Prozent der 18- bis 24- Jährigen finden zudem: „Online-Communitys wären langweilig, wenn alle ihre per-sönlichen Daten besser schützen würden" (ebd.).

Mit Privatsphäre verknüpfen viele Jugendliche und junge Erwachsene die Privatsphäre-Einstellungen aus Online-Netzwerken. Für sie ist Privatsphäre eine „technische Option, die aktiviert oder deaktiviert werden [kann]" (ebd., 118). Unter den Schutz der Privatsphäre sollte ihrer Meinung nach vor allem der Inhalt von Gesprächen fallen (vgl. ebd., 120).

Auch die Wahrnehmung von Öffentlichkeit hat sich verändert. Die Befragten dachten bei Öffentlichkeit vor allem „an ihre Peergroup und damit an die Reputation innerhalb ihres Netzwerks" (ebd.). Gefahren durch beispielsweise personalisierte Werbung sehen viele eher pragmatisch und verweisen auf den praktischen Nutzen dieser (vgl. ebd., 121).

Dies verdeutlicht das ambivalente Verhältnis Jugendlicher und junger Erwachsener zum Thema Privatsphäre:

> „Insgesamt zeigt sich, dass bei den Kindern noch eine gewisse Vorsicht hinsichtlich Privatsphäre-Themen besteht, die Jugendlichen und jungen Erwachsenen sehen dieses Feld zunehmend pragmatisch und haben sich im Alltag zum Teil mit einem gewissen Wider- spruch arrangiert: Zum einen sind sie eher der Meinung, dass man einfach damit rechnen muss, dass die eigenen Daten im Netz weitergegeben werden, zum anderen glauben sie aber gleichzeitig, dass sie ihre Privatsphäre in Online-Communitys ausreichend schützen können." (ebd., 121f)

Eine kritische Auseinandersetzung mit Privatsphäre-Einstellungen und -Richtlinien findet kaum statt. Viele der Befragten gaben an, dass sie nie oder nur selten diese Einstellungen überprüfen bzw. anpassen (vgl. ebd., 122). Die komplexen Optionen bei Online-Netzwerken sind schwer zu überblicken, und um sich effektiv zu schützen, bedarf es der ständigen Kontrolle: „Das bedeutet in erster Linie für die Jugendlichen und jungen Erwachsenen: Schutz der Privatsphäre im

Internet ist anstrengend – häufig zu anstrengend" (ebd.). Der 'public-by-default' Charakter von Online-Plattformen unterstreicht dieses Ergebnis.

Das Bewusstsein über Risiken im Internet steigt mit zunehmendem Alter. 36 Prozent der 9- bis 13-Jährigen, 46 Prozent der 14- bis 17-Jährigen und 55 Prozent der 18- bis 24-Jährigen sahen ein Risiko in der unerwünschten Weitergabe von persönlichen Daten an Dritte. Ähnlich ist es bei dem Risiko des Ausspionierens von persönlichen Daten: 9/13 - 29%, 14/17 – 44%, 18/24 – 53%. Die Nutzung der eigenen Daten für Werbezwecke verzeichnet einen leichten Anstieg: 9/13 – 31%, 14/17 – 31%, 18/24 – 38%. Informationen über den eigenen Aufenthaltsort sehen jedoch nur wenige als ein Risiko: 14/17 – 19%, 18-24 – 17% (vgl. ebd., 125ff).

Eine weitere Ambivalenz zeigt sich in den Ergebnissen zum Thema Datenmissbrauch:

> „60 Prozent der Jugendlichen und jungen Erwachsenen glauben, dass ihre persönlichen Daten noch nicht missbraucht wurden. Gleichzeitig sehen jedoch nur 40 Prozent der 14- bis 24-Jährigen die persönlichen Daten im Internet als sicher an." (ebd., 142)

Datenmissbrauch im Internet findet häufig unbemerkt statt. Obwohl es grundsätzliche Bedenken über die Sicherheit von persönlichen Daten gibt, sind viele junge Nutzer in dem Glauben, dass es sie schon nicht treffen wird. Nur 20 Prozent der Befragten sind dementsprechend bereit ihre Online-Zeit einzuschränken um sich besser zu schützen (vgl. ebd.).

Die beschriebenen Ergebnisse der DIVSI U25 Studie lassen sich wie folgt zusammenfassen: Es gibt eine starke Veränderung der Kommunikationsmöglichkeiten. Viele digitale Plattformen haben einen Netzwerk-Charakter und das Surfen im Internet ist immer weniger anonym. Soziale Netzwerke sind zu einem wichtigen Teil im Leben von Jugendlichen und jungen Erwachsenen geworden. Digitale Medien haben sich dabei zu einer Sozialisationsinstanz entwickelt. Ein Kernbegriff bei der Analyse ist der des 'Online-Seins'. Junge Menschen haben bereits das Gefühl dauerhaft online zu sein. Sie können sich ein Leben ohne Internet mit zunehmendem Alter nicht mehr vorstellen: 'Offline-Sein' ist der Ausnahmezustand. Der Schutz persönlicher Daten (Geburtstag, Geschlecht, Wohnort, etc.) wird von den Befragten nicht als wichtig empfunden, und es besteht Unverständnis warum diese Daten wertvoll sein sollen. Es gibt ein ambivalentes Verhältnis zwischen der Angst vor der Weitergabe von Daten und dem Zwang online etwas Preis geben zu müssen, dem Wissen über die Weitergabe und dem Glauben, die eigene Privatsphäre sei ausreichend geschützt, sowie zwischen der Annahme, die eigenen Daten würden nicht missbraucht und der geringen Zuversicht, dass Daten grundsätzlich im Internet sicher sind. Das grundsätzliche Risikobewusstsein im Umgang mit dem Internet steigt mit zunehmendem Alter. Privatsphäre wird häufig mit Optionen auf Plattformen wie Facebook verknüpft, diese den eigenen Ansprüchen entsprechend einzustellen ist für viele 'zu anstrengend' oder kompliziert. Öffentlichkeit ist für die Befragten vor allem das nahe Umfeld und die Reputation bei diesem.

Menschen, die für den Schutz der Privatsphäre argumentieren, werden häufig mit folgender Aussage konfrontiert: 'Ich habe doch nichts zu verstecken.' Mit diesem Missverständnis gegenüber Privatsphäre setze ich mich im folgenden Abschnitt auseinander.

5 Sicherheit oder Privatsphäre – Eine eindimensionale Sicht

Seit den Enthüllungen durch Edward Snowden ist die Diskussion um Privatsphäre und Überwachung allgegenwärtig. Regierungen rechtfertigen ihre teilweise gesetzeswidrigen Methoden mit einem Zugewinn an Sicherheit und dem Schutz vor Terrorismus. Diese Praxis wird zwar teilweise kritisch diskutiert, das 'Nichts-zu-verstecken'-Argument erstickt eine sinnvolle Debatte aber häufig im Keim.

Online-Netzwerke betonen immer wieder den Schutz der Nutzerdaten. Der Hauptprofit von Firmen wie Facebook wird jedoch durch personalisierte Werbung erzielt, welche nur durch Weitergabe und -verarbeitung von persönlichen Daten möglich ist. Obwohl dieses Geschäftsmodell vielen Menschen bekannt ist, scheint es nur wenige zu stören. Facebook hat bereits über 1 Milliarde angemeldete Nutzer (vgl. Roth 2015). Sowohl die Überwachung durch den Staat, als auch der Verkauf von persönlichen Informationen wird häufig mit dem Argument 'man habe ja nichts zu verbergen' heruntergespielt und verharmlost:

> „The argument that no privacy problem exists if a person has nothing to hide is frequently made in connection with many privacy issues. When the government engages in surveillance, many people believe that there is no threat to privacy unless the government uncovers unlawful activity, in which case a person has no legitimate justification to claim that it remain private. Thus, if an individual engages only in legal activity, she has nothing to worry about." (Solove 2007, 746f)

Vordergründig ist dieses Argument schwer zu entkräften. Es ist eine Frage der persönlichen Einstellung, ob und welche Informationen man Preis gibt. Auch steht es jedem frei staatliche Überwachung zu befürworten: „When phrased as an individual preference, the nothing to hide argument is hard to refute because it is difficult to quarrel with one particular person's preferences" (ebd., 751). Dahinter versteckt sich jedoch eine einseitige Sichtweise, welche Privatsphäre mit Geheimhaltung gleichsetzt. Ein solcher Ansatz greift zu kurz und deckt viele mit Privatsphäre verknüpfte Situationen nicht ab: „[...] Privacy is not reducible to a singular essence; it is a plurality of different things that do not share one element in common but that nevertheless bear a resemblance to each other" (ebd., 756).

Das 'Nichts-zu-verstecken'-Argument ist nicht nur in privaten Diskussionen präsent, es wird auch von Gesetzesvertretern als Rechtfertigung genutzt. Bei der Verteidigung neuer Überwachungsgesetze argumentierte Richard Graham im britischen Parlament: „If you have nothing to hide, you have nothing to fear" (Bartlett 2016). Nimmt man Aussagen wie die des Facebook Gründers Mark Zuckerberg hinzu, welcher behauptete, dass Privatsphäre nicht länger als soziale Norm gilt (vgl. Johnson 2010), entsteht der Eindruck, dass vor allem die Profiteure schwacher Datenschutzrichtlinien die Bedeutung von Privatsphäre herunterspielen. Auch Google CEO Eric Schmidt stützt diese Annahme mit der Aussage: „If you have something that you don't want anyone to know, maybe you shouldn't be doing it in the first place" (Esguerra 2009).

Die Gefahren durch staatliche Überwachung sind den meisten Menschen durch Romane wie George Orwells 1984 oder auch die Praktiken der Stasi bewusst. Anders sieht es bei der Verarbeitung großer Datenmengen durch internationale Konzerne wie Facebook aus. Einzelne Angaben, wie beispielsweise das Geburtsdatum, sind nicht von großem Nutzen. Die Kombination dieser zu einem Profil jedoch erzeugen einen großen Wert. Viele kommerzielle Plattformen implementieren Facebook-Skripte auf ihrer Seite. Hat man nun einen Facebook-Account und kauft in einem Online-Shop etwas ein, erhält Facebook diese Information und fügt sie dem Nutzerprofil hinzu. Diese Weiterverarbeitung von Daten stellt den Schutz der Privatsphäre vor neue Herausforderungen:

> „They affect the power relationships between people and the institutions of the modern state. They not only frustrate the individual by creating a sense of helplessness and powerlessness, but they also affect social structure by altering the kind of relationships people have with the institutions that make important decisions about their lives." (Solove 2007, 757)

Die meisten Menschen haben keinen genauen Überblick darüber welche Informationen sie bereits auf diversen Plattformen hinterlassen haben. Sie sind sich der potentiellen Gefahr meist erst bewusst, wenn sie zum Opfer von Datenmissbrauch werden. Selbst bei vermeintlich sicheren Angeboten, wie dem App-Store von Apple, kommt es immer wieder zu Sicherheitslücken. Erst kürzlich gelang es Cyberkriminellen diesen zu hacken und eine große Menge an Nutzerdaten wurde ausspioniert (Hulboj 2015). Zudem sind Unternehmen heute in der Lage Verhalten vorauszusagen:

> „Moreover, data mining aims to be predictive of behavior, striving to prognosticate about our future actions. People who match certain profiles are deemed likely to engage in a similar pattern of behavior. It is quite difficult to refute actions that one has not yet done. Having nothing to hide will not always dispel predictions of future activity." (Solove 2007, 766)

Es wird deutlich, dass aufgrund des 'nichts-zu-verstecken'-Arguments viele Aspekte beim Schutz von Privatsphäre missachtet werden. Bisherige Ansätze versuchten jeweils Kernpunkte von Privatsphäre herauszuarbeiten und mit verschiedenen Sichtweisen (strukturalistisch, individuell oder integrativ) Privatsphäre zu definieren. Diese sind jedoch, wie auch das 'nichts-zu-verstecken'-Argument, eindimensional insofern, dass sie nur Teile des Problems abdecken. Es wird entweder für einen gesetzlichen Schutz argumentiert oder die Entscheidungsfreiheit des Einzelnen betont. Integrative Definitionen sind bereits ein flexiblerer Ansatz, sie bedürfen aber noch der Weiterentwicklung. Daniel J. Solove (ebd.) entwarf deshalb eine Systematik der Privatsphäre (Taxonomy of Privacy), um die vielfältigen Aspekte dieser zu vereinen:

> „My purpose in advancing the taxonomy is to shift away from the rather vague label of privacy in order to prevent distinct harms and problems from being conflated or not recognized."

Für ihn gibt es vier direkte bzw. indirekte Verletzungen von Privatsphäre: Das Sammeln von Informationen (Information Collection), die Verarbeitung von Informationen (Information Processing), die Verbreitung von Informationen (Information Dissemination) und der Überfall (Inavasion) (vgl. ebd., 758). Diese geben einen Rahmen für eine moderne Definition:

> „The term privacy is best used as a shorthand umbrella term for a related web of things. Beyond this kind of use, the term privacy has little purpose." (ebd., 760)

Der Wert von Privatsphäre ist immer im Zusammenhang zu sehen. Nicht alle Probleme mit Privatsphäre sind gleichwertig, deshalb kann Privatsphäre kein abstrakter Wert zugeschrieben werden und eine pluralistische Definition ist nötig (vgl. ebd., 763).

Zusammengefasst ist das 'nichts-zu-verstecken'-Argument Ausdruck für die weiterverbreitete Unterschätzung der Gefahren moderner Technologien. Es wird gestützt durch Aussagen von Politikern und Konzernen, welche Privatsphäre mit Geheimhaltung gleichsetzen. Vor allem die Weiterverarbeitung von Daten und mögliche Verhaltensprognosen führen zu neuen Gefahren. Bisherige Theorien sind eindimensional, Privatsphäre ist jedoch pluralistisch. Mit einer Systematik der Privatsphäre ist es möglich die verschiedenen Teilbereiche abzudecken.

6 Fazit

Die bisherigen Ausführungen haben gezeigt, dass die Anforderungen an ein Konzept von Privatsphäre im digitalen Zeitalter sehr vielfältig sind. Im folgenden Abschnitt werde ich die verschiedenen Erkenntnisse zusammenfassen und meine Ausgangsthese diskutieren

Es gibt zwei Grundaspekte bei der Auseinandersetzung: Sichtbarkeit und Kollektivität. Entscheidend ist, ob etwas gesehen werden kann und ob es einen Effekt auf eine Gruppe von Menschen hat. Ein Mensch auf einer einsamen Insel hat keinen Verlust der Privatsphäre zu befürchten. Im 21. Jahrhundert sind jedoch viele Informationen und Handlungen sichtbar und in einer zunehmend vernetzten Gesellschaft bleiben diese selten ohne Effekt. Auf meine Ausgangsthese 'Im 21. Jahrhundert gibt es keine Trennung mehr zwischen öffentlicher und privater Sphäre' geben die vorgestellten Ansätze verschiedene Antworten.

Aus strukturalistischer Perspektive wird Privatsphäre normativ definiert und als moralisches und/oder gesetzliches Recht angesehen. Gesetze und soziale Werte sollen das Individuum schützen und bei Verletzung gilt es diese zu überprüfen und gegebenenfalls anzupassen. Aus dieser Sicht steht das Kollektiv in der Verantwortung. Die zu Grunde liegende Maxime lautet: Je mehr der Zugang zu persönlichen Informationen oder Personen reguliert ist, desto mehr ist auch die Privatsphäre geschützt (vgl. Kapitel 2.1). Die Wahrnehmung darüber, wann ein Eingriff in die Privatsphäre vorliegt, hat sich im Laufe des letzten Jahrhunderts stark verändert. In den 80er Jahren protestierten viele Menschen gegen eine anstehende Volkszählung. Sie sahen bereits in der Erhebung demographischer Daten eine Gefahr. Dabei war die Rollenverteilung lange Zeit klar: Der Staat verletzt durch Datenerhebung, Überwachung und Spionage die Privatsphäre und das Individuum ist durch gesetzliche Regelungen davor zu schützen. Mit der seit den 90er Jahren rasant steigenden Vernetzung und Digitalisierung sind die auftretenden Probleme deutlich vielfältiger geworden. Die strukturalistische Maxime ist kaum noch umzusetzen und verhindert gesellschaftliche Teilnahme in vielen Bereichen. Aus dieser Sicht ist die Privatsphäre klar in Gefahr und die Trennung zwischen öffentlich und privat löst sich auf. Die Gesetzesgebung ist heute oft zu ungenau und langsam. Eintretende Richtlinien sind meist bereits veraltet sobald sie in Kraft treten, da sich in der Zwischenzeit die Umstände verändert haben. Hinzu kommt der große Einfluss von Lobbyisten, die jedes Gesetz, welches ihr Geschäftsmodell in Gefahr bringen kann, beeinflussen.

Die deutschsprachigen Autoren Habermas und Negt/Kluge gehen in ihren Analysen vor allem auf die Veränderung von Öffentlichkeit ein. Diese entwickelt sich durch den 'sozialen Strukturwandel' von einem 'kulturräsonierenden' zu einem 'kulturkonsumierenden' Publikum (vgl. Kapitel 2.1). Bis zur industriellen Revolution fand ein Großteil des Lebens im privaten Rahmen statt. Die meisten Betriebe waren Familienunternehmen bzw. bestanden aus einem lokal begrenzten Kreis an Menschen. Die Familie stellte das Zentrum des Lebens dar und hatte weitreichende Funktionen. Durch die zunehmende Kapitalisierung der Gesellschaft werden viele dieser vormals privaten Bereiche zu öffentlichen:

> „Mit den Funktionen der Kapitalbildung verliert nämlich die Familie zunehmend auch Funktionen der Aufzucht und der Erziehung, des Schutzes, der Betreuung und Anleitung, ja elementarer Tradition und Orientierung; sie verliert verhaltensprägende Kraft überhaupt in Bereichen, die in der bürgerlichen Familie als die innersten Höfe des Privaten galten. In gewisser Weise wird also auch die Familie, dieser private Rest, durch die öffentlichen Garantien ihres Status entprivatisiert." (Habermas 1990, 243)

Bildung, Erziehung und Sicherheit sind heute Aufgaben des Staates oder großer Unternehmen. Die Verantwortung des Einzelnen nimmt ab und er entwickelt sich zum reinen Konsumenten. Habermas zeichnet damit bereits früh eine Entwicklung ab, die mit zunehmender Vernetzung immer mehr zum Tragen kommt. Persönliche Entscheidungen werden heute kaum noch von familiären Traditionen und dem privaten Umfeld beeinflusst. Vielmehr wird die große Menge an Informationen und die Möglichkeiten des Austauschs im Internet genutzt um sich ein umfangreiches Bild über Optionen und Gefahren zu bilden. Das Kollektiv hat aktuell weitreichenden Einfluss auf ehemals private Bereiche.

Negt/Kluge vertreten ein pluralistisches Öffentlichkeitsmodell mit verschiedenen Teilöffentlichkeiten, welche sich durch bestimmte Ausschlussmechanismen voneinander abgrenzen. Geschlecht, Rasse, religiöse Zugehörigkeit, sozialer Status, usw. ermöglichen bzw. schließen eine Teilnahme jeweils aus. Diese Sicht ist mit Einzug der sozialen Medien in Frage zu stellen, da die Ausschlussmechanismen heute meist rein technischer Natur sind. So lange man Zugang zum Internet hat, ist man in der Lage an öffentlichen Diskussionen und Plattformen teilzuhaben. Die Gesellschaft hat sich durch moderne Technologien verändert. Dies erkannten Negt/Kluge bereits früh:

> „Über die Entfaltung der vollen Telekommunikation kann man heute nur im Kontext von science-fiction-Romanen plausibel diskutieren. Dabei würde diese Entfaltung ei-

ne Erweiterung der Sinnesapparate, das heißt [sic] der unmittelbaren Erfahrung der Menschen beinhalten, wie sie dem tatsächlichen Grad der gesellschaftlichen Kooperation entspricht. Eine solche Erweiterung der Wahrnehmungsfähigkeit erscheint als eine Voraussetzung jeder wirklichen gesellschaftlichen Veränderung." (Negt/Kluge 1972, 179)

Die Wahrnehmungsfähigkeiten wurden durch moderne Technologien erweitert. War früher die Reichweite auf das direkte Umfeld (Familie, Dorf, Betrieb) begrenzt, ist man heute in der Lage mit nahezu der ganzen Welt zu kommunizieren. Politische Partizipation ist in umfangreichem Maße möglich. Durch Online-Petitionen, Kommentarfunktionen, Emails, Twitter, uvm. ist der Einfluss des Einzelnen gestiegen.

Bei individuellen Ansätzen liegt der Fokus auf dem Individuum. Privatsphäre wird als Kontrolle über persönliche(n)- Informationen und Zugang definiert. Im Gegensatz zur strukturalistischen Definition wird hier die persönliche Verantwortung betont. Da Privatsphäre durch Gesetze nicht effektiv geschützt werden kann, ist der Einzelne gefordert. Es gilt abzuschätzen, welche Auswirkungen die Veröffentlichung bestimmter Informationen hat. Dieser Ansatz ist als Antwort auf die Schwächen strukturalistischer Ansätze zu sehen und versucht den modernen Anforderungen an Privatsphäre gerecht zu werden. Er ist beeinflusst durch den liberalen Grundgedanken, dass durch größtmögliche Freiheit und Autonomie das Individuum in der Lage ist für sich selbst zu entscheiden und Grenzen zu setzen. Dies setzt jedoch die Vermittlung von sozialen Kompetenzen voraus und es ist hier in Frage zu stellen, ob die Gesellschaft in der Lage ist diese ausreichend zu vermitteln. Die Ergebnisse der DIVSI U25 Studie (vgl. Kapitel 4.1) haben gezeigt, dass viele Jugendliche und junge Erwachsene den heutigen Herausforderungen beim Schutz der eigenen Privatsphäre nicht gewachsen sind. Gesellschaftliche Teilhabe und gleichzeitiger Schutz sind nur mit großer Aufmerksamkeit und Wissen über die vielfältigen Gefahren möglich. Auch individuelle Ansätze geben die Maxime vor, dass die Privatsphäre nur dann vollkommen geschützt ist, wenn keinerlei Informationen geteilt werden. Wie bereits erläutert ist dies heute kaum noch möglich.

Integrative Ansätze sind eine Mischform aus strukturellen und individuellen Ansätzen. Sie versuchen die Kernelemente aus beiden Theorien miteinander zu verbinden. Privatsphäre ist hier sowohl Recht als auch persönliche Kontrolle. Eine Weiterentwicklung stellt die Unterteilung in natürlich und normativ private Situationen dar. In natürlich privaten Situationen greift die persönliche Kontrolle und in normativen Situationen liegt die Verantwortung auf Seiten des Staates (vgl. Kapitel 2.3). Durch diese Unterteilung ist es möglich Verletzungen von Privatsphäre genau zu analysieren. Liegt eine normativ private Situation vor, wie beispielsweise ein Termin bei einer Behörde, das Besuchen einer Großveranstaltung oder auch das Einkaufen in einer belebten Straße, dann greifen geltende Gesetze und schützen den Einzelnen. Beim Spaziergang im Wald oder zu Hause in den eigenen vier Wänden, jeweils natürlich private Situationen, obliegt der Schutz der Privatsphäre einem selbst. Die Unterscheidung, in welche Kategorie eine Situation jeweils gehört, wird durch den kulturellen Kreis bestimmt.

Integrative Ansätze werden den modernen Anforderungen schon deutlich mehr gerecht und ermöglichen eine Differenzierung von privaten Situationen. Jedoch hat sich durch mobile Endgeräte wie Smartphones oder Tablets ein neues Problem aufgetan. Natürlich private Situationen konnten zuvor nur durch persönliche Anwesenheit gestört werden. Durch Smartphones ist dies nun fast jederzeit möglich.

Sheller/Urry formulieren in ihrem Aufsatz drei Kernfragen, welche die Herausforderungen an ein modernes Konzept von Privatsphäre verdeutlichen:

> „Is it still useful (or even possible) to maintain the boundary between a public and a private sphere? Can public interests and private interests be effectively separated? How can privacy and publicity be disentangled in the glare of media exposure?" (Sheller/Urry 2003, 113)

Eine der Grundlagen dieser Fragen ist die veränderte Wahrnehmung von Privatsphäre. Die meisten Bereiche des Lebens sind heute öffentlich. Bildung, Spiritualität, Gesundheit sowie das Berufsleben uvm. findet weitestgehend öffentlich statt und die restliche private Zeit soll vor allem der Erholung dienen. Die Trennlinie zwischen öffentlichen und privaten Interessen verschwindet mit der zunehmenden Kommerzialisierung der Gesellschaft, und immer mehr private Bereiche werden durch die digitalen Netzwerke miteinander verbunden. Man existiert zunehmend über die Grenzen des eigenen Körpers hinaus. Profile in sozialen Netzwerken, Statusnachrichten in WhatsApp oder Twitter, automatische Emailantworten, Tracking-Dienste uvm. ermöglichen anderen Menschen Informationen über einen zu erlangen, ohne physisch anwesend zu sein (vgl. Kapitel 3). Durch digitale Anwendungen ist es möglich kognitive Aufgaben auszulagern. Wir speichern Termine in Kalendern, lassen uns an diese erinnern, legen Photos in Datenbanken ab oder suchen nach Informationen im Internet. Es ist kaum noch nötig sich Fakten zu merken, vielmehr ist es wichtig zu wissen wie man Zugang zu diesen bekommt. Das Internet und digitale Technologien sind zur Hauptschnittstelle des menschlichen Lebens geworden. Eine klare Definition von Privatsphäre ist damit aktuell nicht mehr vorhanden.

Wie bereits Negt/Kluge beschreiben auch Sheller/Urry verschiedene globale Öffentlichkeiten: Zivil- und Wirtschaftsöffentlichkeit sowie Öffentlichkeit der globalen politischen Organisationen. Die Massenmedien berichten über alle drei und verfallen dabei immer einem Skandaljournalismus, der vor allem von Enthüllung privater Informationen oder Geheimnisse bestimmt ist. Dabei ist der Skandal die eigentliche Sensation. Viele Menschen sind kaum noch an Hintergründen interessiert, sie scheinen viel mehr Interesse an immer weiteren Enthüllungen zu haben. Wichtige Diskussionen wie beispielsweise über die Aktivitäten von Geheimdiensten, ausgelöst durch die Enthüllungen von Edward Snowden, verlaufen sich schnell im Sand. Eine wirkliche Teilhabe an diesen Auseinandersetzungen ist häufig nur unmittelbar möglich so lange das Problem noch im öffentlichen Fokus steht. Jede später getätigte Aussage erlangt kaum noch Aufmerksamkeit, da die Medien schon zum nächsten Skandal vorangeschritten sind. Daraus entsteht der Eindruck einer Scheinöffentlichkeit, die einen zwar informiert, eine produktive Diskussion jedoch verhindert. Das Merkmal der Sichtbarkeit ist zwar erfüllt, die kollektive Debatte liefert jedoch meist kein Ergebnis. Das Problem hierbei ist die dauerhafte Berieselung durch Medien. Bildschirme und Anzeigen sind omnipräsent und man steht vor dem Problem die große Menge an Informationen sinnvoll zu filtern. Über das Leben von Stars, Kriege, Politik oder das Wetter wird gleichwertig berichtet, und zwischen die kurzen Informationsschnipsel ist Werbung geschaltet. Zwischen privaten und öffentlichen Informationen wird dabei nicht getrennt. Öffentlichkeit entwickelt sich zunehmend zu einem 'öffentlichen Bildschirm', welcher uns permanent über das weltweite Geschehen und die neuesten Produkte informiert:

> „The current mass media are comprised of extraordinary flows of visual images that reconstitute how human actions are conceived of and framed. Such continuous flows of images, and associated text, transform what was called the 'public sphere' into what we could conceptualize as a 'public screen', visible everywhere linked to global networks." (Sheller/Urry 2003, 118)

Das Verbindungsglied der globalen Öffentlichkeit sind die digitalen Netzwerke. Plattformen wie beispielsweise Facebook sind Hybriden aus öffentlicher und privater Sphäre. Sie ermöglichen einerseits die Kommunikation mit Angehörigen und dem Freundeskreis, andererseits sind sie durch öffentliche Profile großer Unternehmen, personalisierte Werbung und globale Gruppen permanent mit der Öffentlichkeit verbunden bzw. bilden diese. Das gesellschaftliche Leben findet zunehmend innerhalb dieser Netzwerke statt, was mit einem Verlust an Privatsphäre verbunden ist. Um Zugang zu bekommen ist man gezwungen sich anzumelden und persönliche Daten Preis zu geben. Das größte Problem in diesem Zusammenhang stellt die massenhafte Speicherung und Weiterverarbeitung von Daten dar. Werbung z.B. tritt in zunehmender Form personalisiert auf:

> „[...] Data-mining software based on large data warehousing [...] made it possible for American consumer businesses to move from industrial-age mass marketing to personalized target marketing, producing in-depth consumer profiles by combining databases of personal transaction records about consumers with overlays from public record sources, provided by information supplier companies." (Westin 2003, 441)

Der Handel mit persönlichen Daten ist heute zu einem profitablen Geschäft geworden. Je mehr verschiedene Informationen dabei gebündelt werden können, desto wertvoller ist das jeweilige Profil. Das Geschäftsmodell von Plattformen wie Facebook ist das Akquirieren von Werbekunden. Im Gegensatz zu den teilweise illegalen Geschäften mit Konsumentenprofilen betreibt Facebook sein Modell völlig legal. Jeder Nutzer wird bei der Anmeldung über die Weitergabe von persönlichen Informationen informiert und muss dieser sogar zustimmen. Von einem Schutz der Privatsphäre kann hier kaum die Rede sein.

Im alltäglichen Verständnis sind Informationen 'private-by-default' und 'public-through-effort', was bedeutet, dass eine aktive Handlung stattfinden muss um etwas öffentlich zu machen. Soziale Netzwerke kehren dies um, Angaben sind 'public-by-default' (vgl. Kapitel 4). Für viele Nutzer ist jedoch das genaue Einstellen der Datenschutzoptionen entweder zu anstrengend oder ihnen fehlen die nötigen Kompetenzen. Konfrontiert man Menschen mit diesem Problem oder versucht ihnen zu helfen wird häufig das 'nichts-zu-verstecken'-Argument genannt. Diese Sicht wird von Gesetzesvertretern und CEOs von großen Konzernen vorangetrieben. In Kapitel 5 habe ich verdeutlicht, wie dieses Argument zu entkräften ist. Privatsphäre wird eindimensional mit dem Wert Sicherheit verknüpft, wodurch viele Aspekte und Probleme außen vor bleiben. Auch Jugendliche und junge Erwachsene stehen schon unter dem Einfluss dieser Sicht:

> „[...] The prevalence of this view - that you only need privacy if you're doing something you shouldn't - leads many teens, when talking about their desire for privacy, to disclaim that that they aren't being 'bad.'" (Boyd/Marwick 2011, 17)

Junge Menschen haben ein Bedürfnis nach Privatsphäre. Heranwachsende benötigen geschützte Bereiche für die persönliche Entwicklung und um sich ausprobieren zu können. Viele Eltern, Lehrer und Verwandte sind aber ebenfalls in Netzwerken angemeldet und haben damit die Möglichkeit den Alltag junger Menschen mit zu verfolgen. Das erzeugt eine dauerhafte Angst dabei ertappt zu werden etwas falsches zu tun. Diese Entwicklung ist gefährlich, da sie dazu führen kann, dass junge Menschen, wenn sie etwas falsches tun, dieses verheimlichen und sich damit weiteren Gefahren aussetzen. Ein offener Austausch über Erfahrungen mit Gewalt, illegalen Drogen oder Sex beispielsweise ist dann kaum noch möglich.

Für Jugendliche und junge Erwachsene sind soziale Netzwerke ein wichtiger Ort der Begegnung geworden. Traf man sich früher noch im Einkaufszentrum, an der Tankstelle oder im Kino, findet heute zunehmend der Austausch untereinander über digitale Plattformen statt. Ein Kernbegriff ist der des 'Online-seins'. Smartphones sind dauerhaft mit dem Internet verbunden und übermitteln Daten. Selbst wenn nicht direkt mit einer anderen Person kommuniziert wird, versendet man durch Standortdaten, besuchte Webseiten, verwendete Apps usw. Informationen. Da diese weiterverarbeitet und gespeichert werden besteht eine permanente Sichtbarkeit. Junge Menschen haben bereits das Gefühl immer online zu sein. Sie können sich ein Leben ohne Internet nicht mehr vorstellen. Eine kritische Auseinandersetzung darüber findet zwar teilweise statt, wenige sind jedoch bereit ihr Nutzungsverhalten zu ändern. Auch unterschätzen viele die Missbrauchsgefahr bei der Angabe persönlicher Daten (Geschlecht, Alter, Wohnort, usw.). Die Wirksamkeit des 'nichts-zu-verstecken'-Arguments ist hier zu sehen. Die junge Generation scheint sich bereits mit einem dauerhaft öffentlichen Leben zu arrangieren.

Die bisherigen Ausführungen haben gezeigt, dass die Anforderungen an eine moderne Definition von Privatsphäre vielfältig sind. Digitale Technologien und Netzwerke haben weitreichende Veränderungen hervorgebracht und bisherige Ansätze werden diesen nicht mehr gerecht. Die von Solove entwickelte 'Taxonomy of Privacy' (Vgl. Kapitel 5) versucht Privatsphäre zu einem pluralistischen Konzept zu erweitern. Er bezieht dabei verschiedene mögliche Gefahren ein und versucht möglichst viele Probleme abzudecken. Die Etablierung eines pluralistischen Ansatzes ist dringend notwendig um Privatsphäre wieder den nötigen sozialen Wert zuzuschreiben. In Artikel 2 des Grundgesetzes das Recht auf freie Entfaltung der Persönlichkeit und der Schutz der persönlichen Freiheit beschrieben. Dieser Grundsatz ist durch den Handel mit Nutzerprofilen und die Voraussage von Verhalten anhand dieser eindeutig in Gefahr. Sollte sich in Zukunft das 'nichts-zu-verstecken'-Argument durchsetzen, dann ist tatsächlich keine Trennung mehr zwischen öffentlicher und privater Sphäre vorhanden. Als demokratisch eingestellter Mensch ist dies jedoch keine Option:

> „[...] I think saying that you don't care about the right of privacy because you have nothing to hide, is no different than saying you don't care about freedom of speech because you have nothing to say. [...] It's a deeply anti-social principle because rights are not just individual, they are collective. What may not have value to you today may have value to [...] an entire way of life tomorrow. And if you don't stand up for it, who will?" (Edward Snowden 2015)

Es sind auch positive Entwicklungen zu nennen. Netzwerke wie beispielsweise avaaz.org oder openpetition.de nehmen zunehmend Einfluss auf politische Entscheidungen und ermöglichen die Teilnahme an Petitionen mit nur wenigen Mausklicks. Twitter und andere Netzwerke haben die Organisation von Demonstrationen stark verändert. Teilnehmer sind in einem direkten Austausch miteinander und können flexibel auf Ereignisse reagieren. Im Jahr 2011 habe ich diese Erfahrung selbst beim Castor Transport nach Gorleben gemacht. Die verschiedenen Protestgruppen standen über ihre Smartphones im dauerhaften Kontakt miteinander und hatten damit einen logistischen Vorteil gegenüber der Polizei. Moderne Technologien können den Einfluss und die Möglichkeiten des Einzelnen stärken und ermöglichen neue Formen der politischen Anteilnahme. Die Privatsphäre sollte dabei aber nicht in den Hintergrund rücken.

Meiner Meinung nach ist vor allem das Europäische Parlament gefordert einen weitreichenden Privatsphäre-Katalog auszuarbeiten, welcher vor allem die Probleme bei der digitalen Weiterverarbeitung von Daten berücksichtigt. Zu oft entsteht der Eindruck, dass durch Lobbyisten sinnvolle und nötige Richtlinien beschnitten und zusammengekürzt werden. Die Kriterien für einen solchen Katalog können die Sozialwissenschaften liefern. Es sind hier noch weitere Studien nötig, welche den Fokus auf den Einfluss digitaler Medien setzen. Nachholbedarf besteht auch bei der Bildung und Erziehung junger Menschen. Diese lernen zwar wie sie sich Informationen beschaffen und verarbeiten können, ein verantwortungsvoller Umgang mit sozialen Netzwerken wird dabei aber nicht vermittelt. Die Gesellschaft steht in der öffentlich/privat-Debatte vor großen Herausforderungen, da durch die rasante technologische Entwicklung immer neue Gefahren auftreten.

7 Literaturverzeichnis

Allmer, Thomas (2011): „A critical contribution to theoretical foundations of privacy studies", in: Journal of Information, Communication and Ethics in Society Vol. 9, Seite 83–101.

Bartlett, Evan (2015): „Tory MP accused of quoting Joseph Goebbels in defence of surveillance bill", in: The Independent. URL: http://indy100.independent.co.uk/article/tory-mp-richard-graham-accused-of-quoting-joseph-goebbels-in-defence-of-new-surveillance-bill--bklSCE9nOg (Zugriff am 27.02.2016, 14:24).

Boyd, Danah / Marwick, Alice E. (2011): Social Privacy in Networked Publics. Teens' Attitudes, Practices, and Strategies, Rochester, NY.

Castells, M. (2008): „The New Public Sphere. Global Civil Society, Communication Networks, and Global Governance", in: The ANNALS of the American Academy of Political and Social Science Vol. 616. No. 1, Seite 78–93.

DeCew, Judith Wagner (1986): „The Scope of Privacy in Law and Ethics", in Law and Philosophy Vol. 5. No. 2, Seite 145–73.

Esguerra, Richard (2009): „Google CEO Eric Schmidt Dismisses the Importance of Privacy", in: Electronic Frontier Foundation. URL: https://www.eff.org/deeplinks/2009/12/google-ceo-eric-schmidt-dismisses-privacy (Zugriff am 28.02.2016, 20:32).

Gavison, Ruth (1980): „Privacy and the Limits of Law", in: The Yale Law Journal Vol. 89. No. 3, Seite 421–471.

Habermas, Jürgen (1990) [1962]: Strukturwandel der Öffentlichkeit. Untersuchungen zu einer Kategorie der bürgerlichen Gesellschaft, 1. Aufl. Frankfurt a. M.: Suhrkamp.

Hulboj, Urszula (2015): „Apple App Store gehackt", in: cardscout.de. URL: https://www.cardscout.de/kreditkarten-news/apple-app-store-gehackt.html (Zugriff am 01.03.2016, 13:24).

Johnson, Bobbie (2010): „Privacy no longer a social norm, says Facebook founder", in: The Guardian. URL: http://www.theguardian.com/technology/2010/jan/11/facebook-privacy (Zugriff am 25.02.2016, 15:54).

Moor, James H. (1991): „The Ethics of Privacy Protection", in Library Trends Vol. 39. No. 1-2, Seite 69–82.

Moor, James H. (1997): „Towards a theory of privacy in the information age", in: Computers and Society Vol. 27. No. 3, Seite 27–32.

Nassehi, Armin (2003): Der Begriff des Politischen, 1. Aufl. Baden-Baden: Nomos.

Negt, Oskar / Kluge, Alexander (1972): Öffentlichkeit und Erfahrung. Zur Organisationsanalyse   von bürgerlicher und proletarischer Öffentlichkeit, 1. Aufl. Frankfurt am Main: Suhrkamp.

Parent, W. A. (1983): „Privacy, Morality, and the Law", in: Philosophy & Public Affairs Vol. 12. No. 4, Seite 269–88.

Reiman, Jeffrey H. (1976): „Privacy, Intimacy, and Personhood", in: Philosophy & Public Affairs Vol. 6. No. 1, Seite 26–44.

Roth, Philipp. (2015): „Die ersten offiziellen Facebook-Nutzerzahlen im Jahr 2015", in: allfacebook.de. URL: http://allfacebook.de/zahlen_fakten/facebook-nutzerzahlen-2015 (Zugriff am 01.03.2016, 13:15).

Sheller, M. / Urry, J. (2003): „Mobile Transformations of ‚Public' and ‚Private' Life", in: Theory, Culture and Society Vol. 20. No. 3, Seite 107–125.

Shils, Edward (1966): „Privacy: Its Constitution and Vicissitudes", in: Law and Contemporary Problems Vol. 31. No. 2, Seite 281–306.

DIVSI U25-Studie (2014): Kinder, Jugendliche und junge Erwachsene in der digitalen Welt. Eine Grundlagenstudie des SINUS-Instituts Heidelberg, Hamburg.

Snowden, Edward (2015): „Edward Snowden Speaks Out", in: Youtube. URL: https://www.youtube.com/watch?v=64xBtImXfmM (Zugriff am 29.02.2016, 19:41).

Solove, Daniel J. (2007): „ ‚I've Got Nothing to Hide' and Other Misunderstandings of Privacy", in: San Diego Law Review Vol. 44, Seite 745–772.

Tavani, Herman T. (2008): „Informational Privacy. Concepts, Theories, and Controversies", in: ders. / Himma, Kenneth Einar (Hg.), The Handbook of Information and Computer Ethics, New Jersey, Seite 131–164.

Warren, Samuel D. / Brandeis, Louis D. (1890): „The Right to Privacy", in: Harvard Law Review Vol. 4. No. 5, Seite 193–220.

Weintraub, Jeff A. (1997): „The Theory and Politics of the Public/Private Distinction", in: ders. / Kumar, Krishan (Hg.), Public and private in thought and practice. perspectives on a grand dichotomy, Chicago, Seite 1-42.

Westin, Alan F. (2003): „Social and Political Dimensions of Privacy", in: Journal of Social Issues Vol. 59. No. 2, Seite 431–53.

Wimmer, Jeffrey (2007): (Gegen-)Öffentlichkeit in der Mediengesellschaft. Analyse eines medialen Spannungsverhältnisses, 1. Aufl. Wiesbaden: VS Verlag.